Livro de registo de jardinagem

Este livro pertence a:

Um livro de jardinagem é uma óptima maneira de acompanhar os seus objectivos de jardinagem tanto para os principiantes como para os jardineiros experientes.

Livro de registo de jardinagem

| Nome | Localização |
| Fornecedor | Preço |

Classe científica

Vegetais	○	Fruta
Erva	○	Flor
Arbusto	○	Árvore
Anual	○	Bienal
Perene	○	Sementeira

Data

Germinado

Plantado

Colhido

Nível de luz

Sol

Sol Parcial

Sombra

Outros

Começou a partir de

Semente

Planta

Classificação

Tamanho	○○○○○
Cor	○○○○○
Sabor	○○○○○

Fertilizantes
e equipamento

Requisitos de água

0%
menos

instruções
de cuidados

instruções
de plantio

Notas adicionais

Livro de registo de jardinagem

Nome		Localização	
Fornecedor		Preço	

Classe científica

Vegetais	○	Fruta
Erva	○	Flor
Arbusto	○	Árvore
Anual	○	Bienal
Perene	○	Sementeira

Data

Germinado

Plantado

Colhido

Nível de luz

Sol

Sol Parcial

Sombra

Outros

Começou a partir de

Semente

Planta

Classificação

Tamanho	○○○○○
Cor	○○○○○
Sabor	○○○○○

| Fertilizantes e equipamento | Requisitos de água |

0%
menos

| instruções de cuidados | instruções de plantio |

Notas adicionais

Livro de registo de jardinagem

| Nome | Localização |

| Fornecedor | Preço |

Classe científica

Vegetais	○	Fruta
Erva	○	Flor
Arbusto	○	Árvore
Anual	○	Bienal
Perene	○	Sementeira

Data

Germinado

Plantado

Colhido

Nível de luz

Sol

Sol Parcial

Sombra

Outros

Começou a partir de

Semente

Planta

Classificação

Tamanho ○○○○○

Cor ○○○○○

Sabor ○○○○○

Fertilizantes e equipamento

Requisitos de água

0%
menos

instruções de cuidados

instruções de plantio

Notas adicionais

Livro de registo de jardinagem

Nome	Localização
Fornecedor	Preço

Classe científica

Vegetais	○	Fruta
Erva	○	Flor
Arbusto	○	Árvore
Anual	○	Bienal
Perene	○	Sementeira

Data

Germinado

Plantado

Colhido

Nível de luz

Sol

Sol Parcial

Sombra

Outros

Começou a partir de

Semente

Planta

Classificação

Tamanho	○○○○○
Cor	○○○○○
Sabor	○○○○○

Fertilizantes
e equipamento

Requisitos de água

0%
menos

instruções
de cuidados

instruções
de plantio

Notas adicionais

Livro de registo de jardinagem

Nome	Localização

Fornecedor	Preço

Classe científica

Vegetais	○	Fruta
Erva	○	Flor
Arbusto	○	Árvore
Anual	○	Bienal
Perene	○	Sementeira

Data

Germinado

Plantado

Colhido

Nível de luz

Sol

Sol Parcial

Sombra

Outros

Começou a partir de

Semente

Planta

Classificação

Tamanho	○○○○○
Cor	○○○○○
Sabor	○○○○○

Fertilizantes
e equipamento

Requisitos de água

0%
menos

instruções
de cuidados

instruções
de plantio

Notas adicionais

Livro de registo de jardinagem

Nome	Localização

Fornecedor	Preço

Classe científica

Vegetais	○	Fruta
Erva	○	Flor
Arbusto	○	Árvore
Anual	○	Bienal
Perene	○	Sementeira

Data

Germinado

Plantado

Colhido

Nível de luz

Sol

Sol Parcial

Sombra

Outros

Começou a partir de

Semente

Planta

Classificação

Tamanho	○○○○○
Cor	○○○○○
Sabor	○○○○○

<table>
<tr><td>Fertilizantes
e equipamento</td><td>Requisitos de água</td></tr>
</table>

0%
menos

<table>
<tr><td>instruções
de cuidados</td><td>instruções
de plantio</td></tr>
</table>

Notas adicionais

Livro de registo de jardinagem

Nome	Localização

Fornecedor	Preço

Classe científica

Vegetais	○	Fruta
Erva	○	Flor
Arbusto	○	Árvore
Anual	○	Bienal
Perene	○	Sementeira

Data

Germinado

Plantado

Colhido

Nível de luz

Sol

Sol Parcial

Sombra

Outros

Começou a partir de

Semente

Planta

Classificação

Tamanho	○○○○○
Cor	○○○○○
Sabor	○○○○○

<table>
<tr><td>Fertilizantes
e equipamento</td><td>Requisitos de água</td></tr>
</table>

0%
menos

<table>
<tr><td>instruções
de cuidados</td><td>instruções
de plantio</td></tr>
</table>

Notas adicionais

Livro de registo de jardinagem

Nome	Localização

Fornecedor	Preço

Classe científica

Vegetais	○	Fruta
Erva	○	Flor
Arbusto	○	Árvore
Anual	○	Bienal
Perene	○	Sementeira

Data

Germinado

Plantado

Colhido

Nível de luz

Sol

Sol Parcial

Sombra

Outros

Começou a partir de

Semente

Planta

Classificação

Tamanho	○○○○○
Cor	○○○○○
Sabor	○○○○○

Fertilizantes
e equipamento

Requisitos de água

0%
menos

instruções
de cuidados

instruções
de plantio

Notas adicionais

Livro de registo de jardinagem

Nome	Localização

Fornecedor	Preço

Classe científica

Vegetais	○	Fruta
Erva	○	Flor
Arbusto	○	Árvore
Anual	○	Bienal
Perene	○	Sementeira

Data

Germinado

Plantado

Colhido

Nível de luz

Sol

Sol Parcial

Sombra

Outros

Começou a partir de

Semente

Planta

Classificação

Tamanho	○○○○○
Cor	○○○○○
Sabor	○○○○○

Fertilizantes
e equipamento

Requisitos de água

0%
menos

instruções
de cuidados

instruções
de plantio

Notas adicionais

Livro de registo de jardinagem

Nome

Localização

Fornecedor

Preço

Classe científica

Vegetais	○	Fruta
Erva	○	Flor
Arbusto	○	Árvore
Anual	○	Bienal
Perene	○	Sementeira

Data

Germinado

Plantado

Colhido

Nível de luz

Sol

Sol Parcial

Sombra

Outros

Começou a partir de

Semente

Planta

Classificação

Tamanho	○○○○○
Cor	○○○○○
Sabor	○○○○○

Fertilizantes
e equipamento

Requisitos de água

0%
menos

instruções
de cuidados

instruções
de plantio

Notas adicionais

Livro de registo de jardinagem

Nome	Localização

Fornecedor	Preço

Classe científica

Vegetais	○	Fruta
Erva	○	Flor
Arbusto	○	Árvore
Anual	○	Bienal
Perene	○	Sementeira

Data

Germinado

Plantado

Colhido

Nível de luz

Sol

Sol Parcial

Sombra

Outros

Começou a partir de

Semente

Planta

Classificação

Tamanho ○○○○○

Cor ○○○○○

Sabor ○○○○○

Fertilizantes
e equipamento

Requisitos de água

0%
menos

instruções
de cuidados

instruções
de plantio

Notas adicionais

Livro de registo de jardinagem

Nome		Localização

Fornecedor		Preço

Classe científica

Vegetais	○	Fruta
Erva	○	Flor
Arbusto	○	Árvore
Anual	○	Bienal
Perene	○	Sementeira

Data

Germinado

Plantado

Colhido

Nível de luz

Sol

Sol Parcial

Sombra

Outros

Começou a partir de

Semente

Planta

Classificação

Tamanho	○○○○○
Cor	○○○○○
Sabor	○○○○○

Fertilizantes
e equipamento

Requisitos de água

0%
menos

instruções
de cuidados

instruções
de plantio

Notas adicionais

Livro de registo de jardinagem

Nome

Localização

Fornecedor

Preço

Classe científica

Vegetais	○	Fruta
Erva	○	Flor
Arbusto	○	Árvore
Anual	○	Bienal
Perene	○	Sementeira

Data

Germinado

Plantado

Colhido

Nível de luz

Sol

Sol Parcial

Sombra

Outros

Começou a partir de

Semente

Planta

Classificação

Tamanho	○○○○○
Cor	○○○○○
Sabor	○○○○○

Fertilizantes
e equipamento

Requisitos de água

0%
menos

instruções
de cuidados

instruções
de plantio

Notas adicionais

Livro de registo de jardinagem

Nome	Localização

Fornecedor	Preço

Classe científica

Vegetais	○	Fruta
Erva	○	Flor
Arbusto	○	Árvore
Anual	○	Bienal
Perene	○	Sementeira

Data

Germinado

Plantado

Colhido

Nível de luz

Sol

Sol Parcial

Sombra

Outros

Começou a partir de

Semente

Planta

Classificação

Tamanho	○○○○○
Cor	○○○○○
Sabor	○○○○○

Fertilizantes
e equipamento

Requisitos de água

0%
menos

instruções
de cuidados

instruções
de plantio

Notas adicionais

Livro de registo de jardinagem

Nome	Localização
Fornecedor	Preço

Classe científica

Vegetais	○	Fruta
Erva	○	Flor
Arbusto	○	Árvore
Anual	○	Bienal
Perene	○	Sementeira

Data

Germinado

Plantado

Colhido

Nível de luz

Sol

Sol Parcial

Sombra

Outros

Começou a partir de

Semente

Planta

Classificação

Tamanho	○○○○○
Cor	○○○○○
Sabor	○○○○○

Fertilizantes
e equipamento

Requisitos de água

0%
menos

instruções
de cuidados

instruções
de plantio

Notas adicionais

Livro de registo de jardinagem

Nome	Localização

Fornecedor	Preço

Classe científica

Vegetais	○	Fruta
Erva	○	Flor
Arbusto	○	Árvore
Anual	○	Bienal
Perene	○	Sementeira

Data

Germinado

Plantado

Colhido

Nível de luz

Sol

Sol Parcial

Sombra

Outros

Começou a partir de

Semente

Planta

Classificação

Tamanho	○○○○○
Cor	○○○○○
Sabor	○○○○○

Fertilizantes
e equipamento

Requisitos de água

0%
menos

instruções
de cuidados

instruções
de plantio

Notas adicionais

Livro de registo de jardinagem

Nome		Localização	
Fornecedor		Preço	

Classe científica

Vegetais	○	Fruta	
Erva	○	Flor	
Arbusto	○	Árvore	
Anual	○	Bienal	
Perene	○	Sementeira	

Data

Germinado

Plantado

Colhido

Nível de luz

Sol

Sol Parcial

Sombra

Outros

Começou a partir de

Semente

Planta

Classificação

Tamanho ○○○○○

Cor ○○○○○

Sabor ○○○○○

Fertilizantes e equipamento

Requisitos de água

0%
menos

instruções de cuidados

instruções de plantio

Notas adicionais

Livro de registo de jardinagem

Nome	Localização
Fornecedor	Preço

Classe científica

Vegetais	○	Fruta
Erva	○	Flor
Arbusto	○	Árvore
Anual	○	Bienal
Perene	○	Sementeira

Data

Germinado

Plantado

Colhido

Nível de luz

Sol

Sol Parcial

Sombra

Outros

Começou a partir de

Semente

Planta

Classificação

Tamanho	○○○○○
Cor	○○○○○
Sabor	○○○○○

Fertilizantes e equipamento

Requisitos de água

0%
menos

instruções de cuidados

instruções de plantio

Notas adicionais

Livro de registo de jardinagem

| Nome | Localização |

| Fornecedor | Preço |

Classe científica

Vegetais	○	Fruta
Erva	○	Flor
Arbusto	○	Árvore
Anual	○	Bienal
Perene	○	Sementeira

Data

Germinado

Plantado

Colhido

Nível de luz

Sol

Sol Parcial

Sombra

Outros

Começou a partir de

Semente

Planta

Classificação

Tamanho	○○○○○
Cor	○○○○○
Sabor	○○○○○

Fertilizantes
e equipamento

Requisitos de água

0%
menos

instruções
de cuidados

instruções
de plantio

Notas adicionais

Livro de registo de jardinagem

Nome	Localização
Fornecedor	Preço

Classe científica

Vegetais	○	Fruta
Erva	○	Flor
Arbusto	○	Árvore
Anual	○	Bienal
Perene	○	Sementeira

Data

Germinado

Plantado

Colhido

Nível de luz

Sol

Sol Parcial

Sombra

Outros

Começou a partir de

Semente

Planta

Classificação

Tamanho	○○○○○
Cor	○○○○○
Sabor	○○○○○

Fertilizantes
e equipamento

Requisitos de água

0%
menos

instruções
de cuidados

instruções
de plantio

Notas adicionais

Livro de registo de jardinagem

Nome	Localização
Fornecedor	Preço

Classe científica

Vegetais	○	Fruta
Erva	○	Flor
Arbusto	○	Árvore
Anual	○	Bienal
Perene	○	Sementeira

Data

Germinado

Plantado

Colhido

Nível de luz

Sol

Sol Parcial

Sombra

Outros

Começou a partir de

Semente

Planta

Classificação

Tamanho ○○○○○

Cor ○○○○○

Sabor ○○○○○

Fertilizantes e equipamento	Requisitos de água

0%
menos

instruções de cuidados	instruções de plantio

Notas adicionais

Livro de registo de jardinagem

| Nome | Localização |

| Fornecedor | Preço |

Classe científica

Vegetais	○	Fruta
Erva	○	Flor
Arbusto	○	Árvore
Anual	○	Bienal
Perene	○	Sementeira

Data

Germinado

Plantado

Colhido

Nível de luz

Sol

Sol Parcial

Sombra

Outros

Começou a partir de

Semente

Planta

Classificação

Tamanho	○○○○○
Cor	○○○○○
Sabor	○○○○○

Fertilizantes
e equipamento

Requisitos de água

0%
menos

instruções
de cuidados

instruções
de plantio

Notas adicionais

Livro de registo de jardinagem

Nome | Localização

Fornecedor | Preço

Classe científica

Vegetais	○	Fruta
Erva	○	Flor
Arbusto	○	Árvore
Anual	○	Bienal
Perene	○	Sementeira

Data

Germinado

Plantado

Colhido

Nível de luz

Sol

Sol Parcial

Sombra

Outros

Começou a partir de

Semente

Planta

Classificação

Tamanho	○○○○○
Cor	○○○○○
Sabor	○○○○○

Fertilizantes
e equipamento

Requisitos de água

0%
menos

instruções
de cuidados

instruções
de plantio

Notas adicionais

Livro de registo de jardinagem

Nome	Localização

Fornecedor	Preço

Classe científica

Vegetais	○	Fruta
Erva	○	Flor
Arbusto	○	Árvore
Anual	○	Bienal
Perene	○	Sementeira

Data

Germinado

Plantado

Colhido

Nível de luz

Sol

Sol Parcial

Sombra

Outros

Começou a partir de

Semente

Planta

Classificação

Tamanho	○○○○○
Cor	○○○○○
Sabor	○○○○○

Fertilizantes
e equipamento

Requisitos de água

0%
menos

instruções
de cuidados

instruções
de plantio

Notas adicionais

Livro de registo de jardinagem

Nome	Localização

Fornecedor	Preço

Classe científica

Vegetais	○	Fruta
Erva	○	Flor
Arbusto	○	Árvore
Anual	○	Bienal
Perene	○	Sementeira

Data

Germinado

Plantado

Colhido

Nível de luz

Sol

Sol Parcial

Sombra

Outros

Começou a partir de

Semente

Planta

Classificação

Tamanho	○○○○○
Cor	○○○○○
Sabor	○○○○○

Fertilizantes
e equipamento

Requisitos de água

0%
menos

instruções
de cuidados

instruções
de plantio

Notas adicionais

Livro de registo de jardinagem

Nome	Localização
Fornecedor	Preço

Classe científica

Vegetais	○	Fruta
Erva	○	Flor
Arbusto	○	Árvore
Anual	○	Bienal
Perene	○	Sementeira

Data

Data	Nível de luz
Germinado	Sol
Plantado	Sol Parcial
	Sombra
Colhido	Outros

Começou a partir de / Classificação

Começou a partir de	Classificação
Semente	Tamanho ○○○○○
Planta	Cor ○○○○○
	Sabor ○○○○○

Fertilizantes
e equipamento

Requisitos de água

0%
menos

instruções
de cuidados

instruções
de plantio

Notas adicionais

Livro de registo de jardinagem

Nome	Localização
Fornecedor	Preço

Classe científica

Vegetais	○	Fruta
Erva	○	Flor
Arbusto	○	Árvore
Anual	○	Bienal
Perene	○	Sementeira

Data

Germinado

Plantado

Colhido

Nível de luz

Sol

Sol Parcial

Sombra

Outros

Começou a partir de

Semente

Planta

Classificação

Tamanho	○○○○○
Cor	○○○○○
Sabor	○○○○○

Fertilizantes
e equipamento

Requisitos de água

0%
menos

instruções
de cuidados

instruções
de plantio

Notas adicionais

Livro de registo de jardinagem

Nome	Localização
Fornecedor	Preço

Classe científica

Vegetais	○	Fruta
Erva	○	Flor
Arbusto	○	Árvore
Anual	○	Bienal
Perene	○	Sementeira

Data

Germinado

Plantado

Colhido

Nível de luz

Sol

Sol Parcial

Sombra

Outros

Começou a partir de

Semente

Planta

Classificação

Tamanho	○○○○○
Cor	○○○○○
Sabor	○○○○○

Fertilizantes
e equipamento

Requisitos de água

0%
menos

instruções
de cuidados

instruções
de plantio

Notas adicionais

Livro de registo de jardinagem

Nome	Localização

Fornecedor	Preço

Classe científica

Vegetais	◯	Fruta
Erva	◯	Flor
Arbusto	◯	Árvore
Anual	◯	Bienal
Perene	◯	Sementeira

Data

Germinado

Plantado

Colhido

Nível de luz

Sol

Sol Parcial

Sombra

Outros

Começou a partir de

Semente

Planta

Classificação

Tamanho	◯◯◯◯◯
Cor	◯◯◯◯◯
Sabor	◯◯◯◯◯

| Fertilizantes e equipamento | Requisitos de água |

0%
menos

| instruções de cuidados | instruções de plantio |

Notas adicionais

Livro de registo de jardinagem

Nome		Localização
Fornecedor		Preço

Classe científica

Vegetais	○	Fruta
Erva	○	Flor
Arbusto	○	Árvore
Anual	○	Bienal
Perene	○	Sementeira

Data

Germinado

Plantado

Colhido

Nível de luz

Sol

Sol Parcial

Sombra

Outros

Começou a partir de

Semente

Planta

Classificação

Tamanho ○○○○○

Cor ○○○○○

Sabor ○○○○○

Fertilizantes
e equipamento

Requisitos de água

0%
menos

instruções
de cuidados

instruções
de plantio

Notas adicionais

Livro de registo de jardinagem

Nome		Localização
Fornecedor		Preço

Classe científica

Vegetais	○	Fruta
Erva	○	Flor
Arbusto	○	Árvore
Anual	○	Bienal
Perene	○	Sementeira

Data

Germinado

Plantado

Colhido

Nível de luz

Sol

Sol Parcial

Sombra

Outros

Começou a partir de

Semente

Planta

Classificação

Tamanho	○○○○○
Cor	○○○○○
Sabor	○○○○○

Fertilizantes e equipamento

Requisitos de água

0%
menos

instruções de cuidados

instruções de plantio

Notas adicionais

Livro de registo de jardinagem

Nome

Localização

Fornecedor

Preço

Classe científica

Vegetais	○	Fruta
Erva	○	Flor
Arbusto	○	Árvore
Anual	○	Bienal
Perene	○	Sementeira

Data

Germinado

Plantado

Colhido

Nível de luz

Sol

Sol Parcial

Sombra

Outros

Começou a partir de

Semente

Planta

Classificação

Tamanho ○○○○○

Cor ○○○○○

Sabor ○○○○○

Fertilizantes
e equipamento

Requisitos de água

0%
menos

instruções
de cuidados

instruções
de plantio

Notas adicionais

Livro de registo de jardinagem

Nome	Localização
Fornecedor	Preço

Classe científica

Vegetais	○	Fruta
Erva	○	Flor
Arbusto	○	Árvore
Anual	○	Bienal
Perene	○	Sementeira

Data

Germinado

Plantado

Colhido

Nível de luz

Sol

Sol Parcial

Sombra

Outros

Começou a partir de

Semente

Planta

Classificação

Tamanho	○○○○○
Cor	○○○○○
Sabor	○○○○○

Fertilizantes
e equipamento

Requisitos de água

0%
menos

instruções
de cuidados

instruções
de plantio

Notas adicionais

Livro de registo de jardinagem

Nome		Localização
Fornecedor		Preço

Classe científica

Vegetais	○	Fruta
Erva	○	Flor
Arbusto	○	Árvore
Anual	○	Bienal
Perene	○	Sementeira

Data

Germinado

Plantado

Colhido

Nível de luz

Sol

Sol Parcial

Sombra

Outros

Começou a partir de

Semente

Planta

Classificação

Tamanho	○○○○○
Cor	○○○○○
Sabor	○○○○○

Fertilizantes
e equipamento

Requisitos de água

0%
menos

instruções
de cuidados

instruções
de plantio

Notas adicionais

Livro de registo de jardinagem

Nome

Localização

Fornecedor

Preço

Classe científica

Vegetais ◯	Fruta
Erva ◯	Flor
Arbusto ◯	Árvore
Anual ◯	Bienal
Perene ◯	Sementeira

Data

Germinado

Plantado

Colhido

Nível de luz

Sol

Sol Parcial

Sombra

Outros

Começou a partir de

Semente

Planta

Classificação

Tamanho ◯◯◯◯◯

Cor ◯◯◯◯◯

Sabor ◯◯◯◯◯

Fertilizantes
e equipamento

Requisitos de água

0%
menos

instruções
de cuidados

instruções
de plantio

Notas adicionais

Livro de registo de jardinagem

Nome		Localização
Fornecedor		Preço

Classe científica

Vegetais	○	Fruta
Erva	○	Flor
Arbusto	○	Árvore
Anual	○	Bienal
Perene	○	Sementeira

Data

Germinado

Plantado

Colhido

Nível de luz

Sol

Sol Parcial

Sombra

Outros

Começou a partir de

Semente

Planta

Classificação

Tamanho	○○○○○
Cor	○○○○○
Sabor	○○○○○

Fertilizantes
e equipamento

Requisitos de água

0%
menos

instruções
de cuidados

instruções
de plantio

Notas adicionais

Livro de registo de jardinagem

| Nome | Localização |

| Fornecedor | Preço |

Classe científica

Vegetais	○	Fruta
Erva	○	Flor
Arbusto	○	Árvore
Anual	○	Bienal
Perene	○	Sementeira

Data

Germinado

Plantado

Colhido

Nível de luz

Sol

Sol Parcial

Sombra

Outros

Começou a partir de

Semente

Planta

Classificação

Tamanho	○ ○ ○ ○ ○
Cor	○ ○ ○ ○ ○
Sabor	○ ○ ○ ○ ○

Fertilizantes e equipamento

Requisitos de água

0%
menos

instruções de cuidados

instruções de plantio

Notas adicionais

Livro de registo de jardinagem

Nome	Localização

Fornecedor	Preço

Classe científica

Vegetais	◯	Fruta
Erva	◯	Flor
Arbusto	◯	Árvore
Anual	◯	Bienal
Perene	◯	Sementeira

Data

Germinado

Plantado

Colhido

Nível de luz

Sol

Sol Parcial

Sombra

Outros

Começou a partir de

Semente

Planta

Classificação

Tamanho	◯◯◯◯◯
Cor	◯◯◯◯◯
Sabor	◯◯◯◯◯

Fertilizantes e equipamento

Requisitos de água

0%
menos

instruções de cuidados

instruções de plantio

Notas adicionais

Livro de registo de jardinagem

Nome

Localização

Fornecedor

Preço

Classe científica

Vegetais	○	Fruta
Erva	○	Flor
Arbusto	○	Árvore
Anual	○	Bienal
Perene	○	Sementeira

Data

Germinado

Plantado

Colhido

Nível de luz

Sol

Sol Parcial

Sombra

Outros

Começou a partir de

Semente

Planta

Classificação

Tamanho	○○○○○
Cor	○○○○○
Sabor	○○○○○

| Fertilizantes e equipamento | Requisitos de água |

0%
menos

| instruções de cuidados | instruções de plantio |

Notas adicionais

Livro de registo de jardinagem

Nome		Localização

Fornecedor		Preço

Classe científica

Vegetais	◯	Fruta
Erva	◯	Flor
Arbusto	◯	Árvore
Anual	◯	Bienal
Perene	◯	Sementeira

Data

Germinado

Plantado

Colhido

Nível de luz

Sol

Sol Parcial

Sombra

Outros

Começou a partir de

Semente

Planta

Classificação

Tamanho	◯◯◯◯◯
Cor	◯◯◯◯◯
Sabor	◯◯◯◯◯

Fertilizantes
e equipamento

Requisitos de água

0%
menos

instruções
de cuidados

instruções
de plantio

Notas adicionais

Livro de registo de jardinagem

Nome

Localização

Fornecedor

Preço

Classe científica

Vegetais	○	Fruta
Erva	○	Flor
Arbusto	○	Árvore
Anual	○	Bienal
Perene	○	Sementeira

Data

Germinado

Plantado

Colhido

Nível de luz

Sol

Sol Parcial

Sombra

Outros

Começou a partir de

Semente

Planta

Classificação

Tamanho	○○○○○
Cor	○○○○○
Sabor	○○○○○

Fertilizantes
e equipamento

Requisitos de água

0%
menos

instruções
de cuidados

instruções
de plantio

Notas adicionais

Livro de registo de jardinagem

| Nome | Localização |

| Fornecedor | Preço |

Classe científica

Vegetais	○	Fruta
Erva	○	Flor
Arbusto	○	Árvore
Anual	○	Bienal
Perene	○	Sementeira

Data

Germinado

Plantado

Colhido

Nível de luz

Sol

Sol Parcial

Sombra

Outros

Começou a partir de

Semente

Planta

Classificação

Tamanho ○○○○○

Cor ○○○○○

Sabor ○○○○○

| Fertilizantes e equipamento | Requisitos de água |

0%
menos

| instruções de cuidados | instruções de plantio |

Notas adicionais

Livro de registo de jardinagem

Nome	Localização

Fornecedor	Preço

Classe científica

Vegetais	○	Fruta
Erva	○	Flor
Arbusto	○	Árvore
Anual	○	Bienal
Perene	○	Sementeira

Data

Germinado

Plantado

Colhido

Nível de luz

Sol

Sol Parcial

Sombra

Outros

Começou a partir de

Semente

Planta

Classificação

Tamanho	○○○○○
Cor	○○○○○
Sabor	○○○○○

Fertilizantes
e equipamento

Requisitos de água

0%
menos

instruções
de cuidados

instruções
de plantio

Notas adicionais

Livro de registo de jardinagem

Nome

Localização

Fornecedor

Preço

Classe científica

Vegetais	◯	Fruta
Erva	◯	Flor
Arbusto	◯	Árvore
Anual	◯	Bienal
Perene	◯	Sementeira

Data

Germinado

Plantado

Colhido

Nível de luz

Sol

Sol Parcial

Sombra

Outros

Começou a partir de

Semente

Planta

Classificação

Tamanho	◯◯◯◯◯
Cor	◯◯◯◯◯
Sabor	◯◯◯◯◯

Fertilizantes
e equipamento

Requisitos de água

0%
menos

instruções
de cuidados

instruções
de plantio

Notas adicionais

Livro de registo de jardinagem

Nome	Localização

Fornecedor	Preço

Classe científica

Vegetais	○	Fruta
Erva	○	Flor
Arbusto	○	Árvore
Anual	○	Bienal
Perene	○	Sementeira

Data

Germinado

Plantado

Colhido

Nível de luz

Sol

Sol Parcial

Sombra

Outros

Começou a partir de

Semente

Planta

Classificação

Tamanho	○○○○○
Cor	○○○○○
Sabor	○○○○○

Fertilizantes
e equipamento

Requisitos de água

0%
menos

instruções
de cuidados

instruções
de plantio

Notas adicionais

Livro de registo de jardinagem

Nome	Localização
Fornecedor	Preço

Classe científica

Vegetais	○	Fruta
Erva	○	Flor
Arbusto	○	Árvore
Anual	○	Bienal
Perene	○	Sementeira

Data

Germinado

Plantado

Colhido

Nível de luz

Sol

Sol Parcial

Sombra

Outros

Começou a partir de

Semente

Planta

Classificação

Tamanho	○○○○○
Cor	○○○○○
Sabor	○○○○○

Fertilizantes
e equipamento

Requisitos de água

0%
menos

instruções
de cuidados

instruções
de plantio

Notas adicionais

Livro de registo de jardinagem

Nome

Localização

Fornecedor

Preço

Classe científica

Vegetais	○	Fruta
Erva	○	Flor
Arbusto	○	Árvore
Anual	○	Bienal
Perene	○	Sementeira

Data

Germinado

Plantado

Colhido

Nível de luz

Sol

Sol Parcial

Sombra

Outros

Começou a partir de

Semente

Planta

Classificação

Tamanho ○○○○○

Cor ○○○○○

Sabor ○○○○○

Fertilizantes
e equipamento

Requisitos de água

0%
menos

instruções
de cuidados

instruções
de plantio

Notas adicionais

Livro de registo de jardinagem

Nome	Localização
Fornecedor	Preço

Classe científica

Vegetais	○	Fruta
Erva	○	Flor
Arbusto	○	Árvore
Anual	○	Bienal
Perene	○	Sementeira

Data

Germinado

Plantado

Colhido

Nível de luz

Sol

Sol Parcial

Sombra

Outros

Começou a partir de

Semente

Planta

Classificação

Tamanho	○ ○ ○ ○ ○
Cor	○ ○ ○ ○ ○
Sabor	○ ○ ○ ○ ○

Fertilizantes
e equipamento

Requisitos de água

0%
menos

instruções
de cuidados

instruções
de plantio

Notas adicionais

Livro de registo de jardinagem

| Nome | | Localização |
| Fornecedor | | Preço |

Classe científica

Vegetais	○	Fruta
Erva	○	Flor
Arbusto	○	Árvore
Anual	○	Bienal
Perene	○	Sementeira

Data

Germinado

Plantado

Colhido

Nível de luz

Sol

Sol Parcial

Sombra

Outros

Começou a partir de

Semente

Planta

Classificação

Tamanho	○○○○○
Cor	○○○○○
Sabor	○○○○○

Fertilizantes
e equipamento

Requisitos de água

0%
menos

instruções
de cuidados

instruções
de plantio

Notas adicionais

Livro de registo de jardinagem

Nome	Localização

Fornecedor	Preço

Classe científica

Vegetais	○	Fruta
Erva	○	Flor
Arbusto	○	Árvore
Anual	○	Bienal
Perene	○	Sementeira

Data

Germinado

Plantado

Colhido

Nível de luz

Sol

Sol Parcial

Sombra

Outros

Começou a partir de

Semente

Planta

Classificação

Tamanho ○○○○○

Cor ○○○○○

Sabor ○○○○○

<table>
<tr><td>Fertilizantes
e equipamento</td><td>Requisitos de água</td></tr>
</table>

0%
menos

<table>
<tr><td>instruções
de cuidados</td><td>instruções
de plantio</td></tr>
</table>

Notas adicionais

Livro de registo de jardinagem

Nome	Localização
Fornecedor	Preço

Classe científica

Vegetais ○	Fruta
Erva ○	Flor
Arbusto ○	Árvore
Anual ○	Bienal
Perene ○	Sementeira

Data

Germinado

Plantado

Colhido

Nível de luz

Sol

Sol Parcial

Sombra

Outros

Começou a partir de

Semente

Planta

Classificação

Tamanho ○○○○○

Cor ○○○○○

Sabor ○○○○○

Fertilizantes
e equipamento

Requisitos de água

0%
menos

instruções
de cuidados

instruções
de plantio

Notas adicionais

Livro de registo de jardinagem

Nome	Localização

Fornecedor	Preço

Classe científica

Vegetais	○	Fruta
Erva	○	Flor
Arbusto	○	Árvore
Anual	○	Bienal
Perene	○	Sementeira

Data

Germinado

Plantado

Colhido

Nível de luz

Sol

Sol Parcial

Sombra

Outros

Começou a partir de

Semente

Planta

Classificação

Tamanho	○○○○○
Cor	○○○○○
Sabor	○○○○○

Fertilizantes
e equipamento

Requisitos de água

0%
menos

instruções
de cuidados

instruções
de plantio

Notas adicionais

Livro de registo de jardinagem

Nome	Localização
Fornecedor	Preço

Classe científica

Vegetais	○	Fruta
Erva	○	Flor
Arbusto	○	Árvore
Anual	○	Bienal
Perene	○	Sementeira

Data

Germinado

Plantado

Colhido

Nível de luz

Sol

Sol Parcial

Sombra

Outros

Começou a partir de

Semente

Planta

Classificação

Tamanho	○○○○○
Cor	○○○○○
Sabor	○○○○○

Fertilizantes
e equipamento

Requisitos de água

0%
menos

instruções
de cuidados

instruções
de plantio

Notas adicionais

Livro de registo de jardinagem

Nome

Localização

Fornecedor

Preço

Classe científica

Vegetais	○	Fruta
Erva	○	Flor
Arbusto	○	Árvore
Anual	○	Bienal
Perene	○	Sementeira

Data

Germinado

Plantado

Colhido

Nível de luz

Sol

Sol Parcial

Sombra

Outros

Começou a partir de

Semente

Planta

Classificação

Tamanho	○○○○○
Cor	○○○○○
Sabor	○○○○○

Fertilizantes
e equipamento

Requisitos de água

0%
menos

instruções
de cuidados

instruções
de plantio

Notas adicionais

Livro de registo de jardinagem

Nome	Localização

Fornecedor	Preço

Classe científica

Vegetais	○	Fruta
Erva	○	Flor
Arbusto	○	Árvore
Anual	○	Bienal
Perene	○	Sementeira

Data

Germinado

Plantado

Colhido

Nível de luz

Sol

Sol Parcial

Sombra

Outros

Começou a partir de

Semente

Planta

Classificação

Tamanho	○○○○○
Cor	○○○○○
Sabor	○○○○○

Fertilizantes
e equipamento

Requisitos de água

0%
menos

instruções
de cuidados

instruções
de plantio

Notas adicionais

Livro de registo de jardinagem

Nome	Localização

Fornecedor	Preço

Classe científica

Vegetais	○	Fruta
Erva	○	Flor
Arbusto	○	Árvore
Anual	○	Bienal
Perene	○	Sementeira

Data

Germinado

Plantado

Colhido

Nível de luz

Sol

Sol Parcial

Sombra

Outros

Começou a partir de

Semente

Planta

Classificação

Tamanho ○○○○○

Cor ○○○○○

Sabor ○○○○○

Fertilizantes e equipamento

Requisitos de água

0%
menos

instruções de cuidados

instruções de plantio

Notas adicionais

Livro de registo de jardinagem

Nome

Localização

Fornecedor

Preço

Classe científica

Vegetais	○	Fruta
Erva	○	Flor
Arbusto	○	Árvore
Anual	○	Bienal
Perene	○	Sementeira

Data

Germinado

Plantado

Colhido

Nível de luz

Sol

Sol Parcial

Sombra

Outros

Começou a partir de

Semente

Planta

Classificação

Tamanho ○○○○○

Cor ○○○○○

Sabor ○○○○○

Fertilizantes
e equipamento

Requisitos de água

0%
menos

instruções
de cuidados

instruções
de plantio

Notas adicionais

Livro de registo de jardinagem

Nome	Localização

Fornecedor	Preço

Classe científica

Vegetais	○	Fruta
Erva	○	Flor
Arbusto	○	Árvore
Anual	○	Bienal
Perene	○	Sementeira

Data

Germinado

Plantado

Colhido

Nível de luz

Sol

Sol Parcial

Sombra

Outros

Começou a partir de

Semente

Planta

Classificação

Tamanho ○○○○○

Cor ○○○○○

Sabor ○○○○○

Fertilizantes e equipamento

Requisitos de água

0%
menos

instruções de cuidados

instruções de plantio

Notas adicionais

Livro de registo de jardinagem

| Nome | | Localização |
| Fornecedor | | Preço |

Classe científica

Vegetais	○	Fruta
Erva	○	Flor
Arbusto	○	Árvore
Anual	○	Bienal
Perene	○	Sementeira

Data

Germinado

Plantado

Colhido

Nível de luz

Sol

Sol Parcial

Sombra

Outros

Começou a partir de

Semente

Planta

Classificação

Tamanho ○○○○○

Cor ○○○○○

Sabor ○○○○○

Fertilizantes
e equipamento

Requisitos de água

0%
menos

instruções
de cuidados

instruções
de plantio

Notas adicionais